Huit pas vers le bonheur

La sagesse du bouddhisme

Huit pas vers le bonheur

La sagesse du bouddhisme

Dieter Glogowski

NATIONAL GEOGRAPHIC

Sommaire

THE DALAI LAMA

Le paradoxe de notre époque

Nous avons des maisons plus grandes,
mais des familles plus petites ;
Davantage de moyens et moins de temps.
Nous avons davantage de diplômes,
mais moins de bon sens ;
Davantage de connaissances,
mais moins de compréhension ;
Davantage d'experts,
mais aussi davantage de problèmes ;
Plus de médicaments mais une moins bonne santé.

Nous avons atteint la lune,
mais avons des problèmes pour traverser la rue
et aller à la rencontre de nos nouveaux voisins.

Nous concevons des ordinateurs toujours
plus gros, et recueillons toujours plus d'informations
qui utilisent plus de papier que jamais,
mais nous communiquons moins.

Nous recevons toujours plus de quantité,
mais moins de qualité.
C'est l'époque de la cuisine vite faite et de la digestion lente,
Des grands hommes, mais du peu de caractère,
Des gros profits, mais des relations superficielles.

C'est une époque où l'on affiche beaucoup,
mais derrière cette façade, il n'y a que le vide.

14e Dalaï-Lama

Huit pas vers le bonheur

« Ceci étant, cela est » dit Bouddha dans le sûtra du riz en herbe exprimant ainsi l'un des enseignements fondamentaux du bouddhisme : la vacuité ou interdépendance. Toute chose dépend des autres pour exister, aucun phénomène, aucune pensée, aucun sentiment ne peut sortir du néant, sans circonstances et sans cause. Ce principe vaut aussi pour les religions. Le bouddhisme lui-même prend ses racines dans nombre d'anciennes religions indiennes. Le chemin vers l'Eveil, qui conduisit le Prince Siddhârta Gautama à la bouddhéité, fut bien long, partant d'une vie de luxe, vers l'ascèse puis la méditation.

Les multiples religions et chemins spirituels de ce monde sont bien plus liés, se sont enrichis mutuellement et transmis leur substance spirituelle bien plus profondément que ne nous le laissent entendre les médias à travers leurs récits sur les guerres de religions et de cultures. De leur côté, le 14e Dalaï-Lama et tous les grands sages mettent l'accent sur les buts et les valeurs partagés qui, malgré les nombreuses différences, sont au cœur de toutes les religions et à la base de la plus profonde humanité : la bonté, la compassion, l'amour, l'aspiration au bonheur et à la connaissance.

C'est également l'idée que poursuit ce livre. Bien que le bouddhisme, à travers le Noble Chemin Octuple enseigné par le Bouddha comme chemin vers l'Eveil, en soit le thème central, il ne s'arrête pas aux enseignements du Bouddha, mais réunit aussi les citations de sages d'autres religions. Les huit pas vers le bonheur, comme on pourrait aussi nommer le Noble Chemin Octuple du bouddhisme, sont dans leur essence tellement universels qu'ils dépassent les limites des théories, des concepts et des méthodes des différentes religions.

Statue du Bouddha au monastère de Shey, Ladakh.

Les Huit Symboles Auspicieux ou « Huit Trésors » marquant le début de chaque chapitre ont une signification archétypale qui touche plus d'une religion : le vase contenant le nectar de vie et d'immortalité, la précieuse ombrelle qui protège du mal, la fleur de lotus, symbole du chemin spirituel, le nœud sans fin de la vie éternelle ...

De la même façon, l'intitulé de chacun des huit chapitres de ce livre met en lumière un aspect d'un chemin spirituel universel : la sagesse, la conscience de soi, la compassion, le détachement, l'amour, la transformation, l'attention et la méditation. Autant de concepts qui sont riches de sens aussi bien pour un bouddhiste que pour un chrétien, un musulman ou un hindou, même si leur acceptation peut varier dans le contexte de chaque religion.

La vie et l'époque du Bouddha ainsi que l'histoire du bouddhisme montrent que les chemins spirituels sont étroitement liés. Le Bouddha est né à une époque de grand bouleversement spirituel. Le philosophe allemand Karl Jaspers la nomme le « temps des cendres », une profonde entaille dans l'histoire. Les philosophes présocratiques œuvrent en Grèce, Zarathoustra en Perse, Confucius et Lao Tseu en Chine. La période védique touche à sa fin en Inde, les premiers Upanishads sont rédigés et la notion de karma et de renaissance, primordiale pour les cultures asiatiques, mais aussi pour d'autres cultures, prend toute son importance. A cette époque de l'immobilisme des rituels de sacrifices, des communautés d'ascètes se retirent dans la solitude, suivant le glissement de l'aspiration spirituelle vers la nature la plus profonde de l'être humain. La libération de l'individu du cycle des renaissances devient une préoccupation centrale.

Le prince Siddhârta Gautama vit pleinement les extrêmes de son temps. Il grandit au milieu des plaisirs, de la beauté et du luxe, à l'écart de la vie « réelle » et de ses expériences douloureuses.

Toile roulée (thangka) reprenant les illustrations d'un livre.

Quatre excursions secrètes à l'extérieur du palais confrontent le jeune prince à la vieillesse, la maladie, la mort et au caractère éphémère de l'existence humaine. Lors de sa quatrième sortie il rencontre un ascète itinérant qui a renoncé à tous les plaisirs des sens pour accéder à la vraie paix intérieure. Le tourment engendré par ces découvertes ne lui laisse plus de répit.

A l'âge de 26 ans, dans la nuit où sa compagne met au monde leur fils, il quitte le palais et part à la recherche de la voie de la libération du cycle sans fin de la vie, la mort et la renaissance. Il suit les enseignements de son temps, étudie auprès de sages védiques avant de rejoindre un groupe d'ascètes dont les pratiques extrêmes l'amènent au seuil de la mort. La légende rapporte qu'il se serait nourri d'un grain de riz et d'une goutte d'eau par jour. Finalement il découvre que seule la voie du juste milieu, qui bannit les extrêmes, mène à la paix intérieure.

De la même façon que les cordes d'un instrument ne peuvent sonner juste que si elles ne sont ni trop tendues, ni trop lâches. C'est à Bodhgayâ, assis sous un figuier pour méditer, qu'il parvient à surmonter ses tourments intérieurs et extérieurs, découvre la voie du juste milieu, entre volupté et ascèse, entre attachement et mépris pour la vie terrestre, et devient le Bouddha, l'« Eveillé », en une nuit de pleine lune de mai.

Pendant quarante années, il enseigne et rassemble des étudiants autour de lui, leur livrant les règles strictes pour bâtir un ordre monastique. Parmi ses disciples se trouvent aussi bien des paysans que des rois car son enseignement abolit le principe rigide des castes et des rituels de sacrifices traditionnels en Inde.

Bouddha Gautama n'a pas laissé de successeur, mais ses enseignements se sont répandus rapidement dans de nombreux pays d'Asie. Il n'est pas le seul à chercher de nouvelles perspectives spirituelles à cette époque, Mahâvîra révèle le jaïnisme qui, par l'accent mis sur le détachement du monde, va bien plus loin que le bouddhisme.

Le jeune sâdhu Subo Das en pleine méditation.

Peu de temps après la mort de l'Honoré, la communauté bouddhiste se divise en plusieurs écoles, donnant naissance au bouddhisme Mahâyâna, le « Grand Véhicule ». Contrairement aux écoles précédentes, le « Grand Véhicule » ne se limite plus à la libération et à l'éveil des moines, il veut permettre à chaque individu d'accéder à cette libération. Son idéal, le boddhisattva, aspire à l'éveil pour aider tous les êtres dans leur cheminement. A travers le Mahâyâna, le bouddhisme tend à devenir une religion du peuple. De nombreuses écoles sont apparues au sein même du Mahâyâna, et par la suite, l'influence des théories tantriques sur le bouddhisme donnera naissance au Vajrayâna, aujourd'hui encore très vivant, surtout dans la culture tibétaine. Malgré les différences entre les théories et méthodes des nombreuses écoles bouddhistes et l'influence des pratiques et pensées d'autres voies spirituelles, certains points fondamentaux restent communs à toutes les écoles. C'est le cas du Noble Chemin Octuple enseigné par le Bouddha comme la voie permettant de surmonter la souffrance et d'atteindre l'éveil, l'illumination. Il comprend : La Vision parfaite – compréhension des enseignements ; L'Emotion parfaite – décision de mettre cette vision en pratique et d'aspirer au but final du Chemin ; La Parole parfaite – exclusion du mensonge, de la grossièreté, du commérage et des insultes ; L' Action parfaite - exclusion de mauvaises actions comme tuer ou voler ; Les Moyens d'existence parfaits – exclusion de métiers qui vont à l'encontre des principes éthiques du Noble Chemin comme chasseur ou boucher ; L'Effort parfait – exercice de la patience et du calme, et encouragement d'actions bénéfiques au karma ; L' Attention parfaite – prise de conscience de chaque instant de la vie et de ses émotions, pensées et actions ; La Méditation parfaite – recueillement de l'esprit dans la méditation et l'introspection. Ce chemin spirituel détaillé regroupe les trois éléments : la sagesse, l'éthique et la méditation.
Comme les étapes du Noble Chemin Octuple, les chapitres de ce livre sont au nombre de huit.
Des paroles de sagesse, bouddhiste ou non, sont mises en regard de photographies de Dieter Glogowski.

Pèlerin hindouiste à Janakpur, Sud du Népal.

La parole et l'image s'unissent pour exprimer l'inexprimable, faire vibrer la corde intérieure du lecteur, l'inspirer dans son propre cheminement et renforcer l'idée de but spirituel commun à toutes les Voies.
Dieter Glogowski met l'accent sur les liens et ressemblances entre les religions, le noyau spirituel qui se cache derrière les concepts et les dogmes. C'est pourquoi ce livre, publié sous le titre de « Bouddhisme », n'exclut pas les autres traditions spirituelles.
Des citations de sources hindoues mettent en lumière l'enracinement du bouddhisme dans la sagesse traditionnelle indienne.
Des paroles issues de cultures différentes montrent que le questionnement sur l'essence profonde du monde et l'aspiration à la connaissance et à l'illumination ne sont pas le propre de chemins spirituels isolés, mais l'héritage de l'humanité toute entière.
L'œuvre journalistique et photographique de Dieter Glogowski tend également à dépasser les limites et clivages.
Il s'engage pour la conservation du monastère bouddhiste de Lingshed avec la même énergie qu'il a déployée lors d'autres voyages dans l'Himalaya pour accompagner des ascètes itinérants sur leurs chemins secrets.
Il fait preuve du même respect et de la même compréhension au cours de ses reportages dans les sanctuaires, qu'ils soient hindous ou bouddhistes.
Il a fait plus de treize fois le tour du Kailash ou mont « brillant comme du cristal ». Cette montagne sainte à l'ouest du Tibet est considérée par les pèlerins de quatre religions différentes comme le centre de l'univers. Elle est un symbole tangible de la rencontre spirituelle de différents chemins et de la cohabitation pacifique et tolérante des religions, devenue si rare aujourd'hui.

Franz Binder

Des novices lors d'une manifestation de paix à Dharamsala.

ཡང་དག་པའི་ལྟ་བ།

Sagesse

La sagesse, la Vision parfaite ou encore la compréhension des enseignements, est la condition préalable à tout cheminement spirituel. C'est pourquoi la roue de la Loi, que Bouddha tourne pour la première fois lors de son sermon à Sarnâth, est un symbole fondamental pour toutes les écoles bouddhistes. Ses huit rayons représentent les huit étapes du Noble Chemin, dont l'usage correct de la sagesse est une partie essentielle. Le moyeu, axe sur lequel tourne le monde, symbolise quant à lui la discipline morale qui stabilise l'esprit. Le bord représente l'élément limitatif mais aussi la concentration nécessaire à la transposition de la sagesse dans la méditation.

Le chemin vers l'éveil n'est donc rien d'autre que la redécouverte de notre nature de bouddha tombée dans l'oubli.
Quand le vent a chassé les nuages, le soleil, qui n'a en réalité pas cessé de briller, réapparaît.

Dilgo Khyentsé Rinpoché

Des novices devant l'immense statue de Maitreya, monastère de Likir près de Leh, vallée de l'Indus, Nord de l'Inde.

L'absence de peur est la condition première de toute spiritualité.
Il est impossible à un lâche d'être vertueux.

Mahatma Gandhi

Statue de Gandhi devant le monastère tibétain de Ganden près d'Hubli, Sud de l'Inde.

Jamais, dans ce monde, la haine n'apaisera la haine. Jamais, parmi les hommes, la violence ne mettra fin à la violence. Jamais les blessures ne seront guéries par la vengeance et les représailles. Il ne reste que le chemin de la réconciliation, du détachement et du pardon.
Telle est la sagesse profonde de la vie.

Extrait du Dhammapada

Maitreya, le bouddha du futur, dans le monastère de Tikse, vallée de Leh, Ladakh, Nord de l'Inde.

Fiez-vous au message du maître, non à sa personnalité ;
Fiez-vous au sens de ses mots, non aux mots seuls ;
Fiez-vous au sens ultime, non au sens relatif ;
Fiez-vous à votre esprit de sagesse,
Et non à votre esprit ordinaire de jugement.

Sogyal Rinpoché

Le novice Tenzing et son maître Sonam Yospel, âgé de 95 ans, monastère de Lingshed, Ladakh-Zanskar.

Nous devrions nous efforcer de développer une réelle affection pour les autres, de reconnaître clairement, même d'admettre que nous appartenons tous à la même famille humaine. Nous devrions aussi accepter franchement l'idée que toutes les visions du monde et toutes les écoles philosophiques peuvent contribuer à résoudre les problèmes de l'humanité.

14e Dalaï-Lama

Photo du Dalaï-Lama dans la main d'un pèlerin assis dans la cour du monastère de Likir, Ladakh, Nord de l'Inde.

Sur le plan matériel, nous avons pris du retard. Mais dans le domaine des sciences de l'esprit et dans le domaine de la pensée, nous sommes riches.
Nous, les Tibétains, nous sommes bouddhistes et nous pratiquons le bouddhisme dans son intégralité. Aussi avons-nous le devoir de lui conserver sa forme active et vivante.

14e Dalaï-Lama

Tashi et Dolma devant les chortens du gompa (monastère en Tibétain) de Dirapuk sur le Mont Kailash, Ouest du Tibet

Pour développer notre patience, il faut que quelqu'un nous blesse volontairement afin que nous ayons l'occasion de pratiquer la tolérance. De telles personnes testent notre force intérieure, d'une manière que même notre maître ne peut reproduire. Fondamentalement, la patience nous protège du découragement.

14e Dalaï-Lama

Gravé sur une pierre de mani, le mantra de la grande compassion d'Avalokitésvara : Om mani padme hum.

Celui qui ne cherche pas ne trouvera pas. Le fleuve ne coule pas vers les êtres, qui certes le connaissent, mais ne désirent pas le rejoindre. C'est à eux d'aller vers lui, s'ils désirent boire de son eau.

Sainte Hildegarde de Bingen

La main d'un jeune novice suivant le texte du Bouddha lors de la pûjâ, Ladakh, Nord de l'Inde.

Comme l'enfant, le sage peut s'étonner de tout.

Drukpa Rinpoché

Sonam et Tashi, novices au monastère de Lingshed, Zanskar, Nord de l'Inde.

Chaque fois que les pertes ou les désillusions de la vie nous enseignent l'impermanence, elles nous rapprochent un peu de la vérité. Même si vous tombez de très haut, vous atterrissez toujours au même endroit : sur le sol, le sol de la vérité.
Et si la pratique vous a apporté une certaine compréhension, alors la chute n'est plus une catastrophe, au contraire, elle vous fait découvrir un refuge intérieur.

Sogyal Rinpoché

Un tibétain dans la salle des lampes à beurre sous le stûpa de Bodnath, Katmandou, Népal.

Qu'y a-t-il d'immuable que nous retrouvons dans la mort ?
La lumière de l'être, le soleil du commencement. Tant que tu n'acceptes pas la mort, tu restes inachevé, ta nature la plus profonde et ta conscience éternelle t'échappent. La peur de vivre comme la peur de mourir rendent le bonheur impossible.

Drukpa Rinpoché

Le moine Sonam Yospel, âgé de 95 ans (mort en 2006), monastère de Lingshed, Zanskar, Nord de l'Inde.

Quand nous mourons, nous ne pouvons rien emporter si ce n'est la semence du travail de notre vie et notre connaissance spirituelle.

14e Dalaï-Lama

Dolma Tzering, vieille dame tibétaine, suit du regard le départ de son petit-fils, Lhassa, Tibet.

Celui qui connaît les autres est savant.
Celui qui se connaît lui-même est sage.
Celui qui vainc les autres a de la force.
Celui qui se vainc lui-même est fort.
Celui qui s'impose a de la volonté.
Celui qui se suffit est riche.
Celui qui ne perd pas sa place a de la constance.
Celui qui ne disparaît pas même à sa mort,
celui-la est immortel.

Lao Tseu

Deux nonnes tibétaines prosternées pour la kora autour du Kailash,
Ouest du Tibet.

Il est important de savoir qu'il existe trois types de sagesse :
la sagesse acquise par l'écoute,
la sagesse acquise par la réflexion,
et la sagesse acquise par la méditation.

14e Dalaï-Lama

Dans la main d'un pèlerin tibétain, une amulette contenant la photo du Dalaï-Lama, sur le bord du lac Manasarovar, Tibet.

La souffrance est le résultat de l'ignorance.
C'est donc l'ignorance qu'il faut dissiper.
Et l'ignorance, en essence, c'est l'attachement au «moi»
et à la solidité des phénomènes.
Soulager les souffrances immédiates d'autrui est un devoir,
mais cela ne suffit pas : il faut remédier aux causes mêmes
de la souffrance.

Matthieu Ricard

Pèlerine tibétaine tenant un mani-lakor (moulin à prière) sur la rive du lac Manasarovar, Ouest du Tibet.

On ne devient riche que grâce aux choses que l'on ne convoite pas.

Mahatma Gandhi

Pèlerin hindouiste sur le chemin du Kailash, Ouest du Tibet.

Les êtres éclairés savent que ce n’est pas le monde qu’il faut changer pour éliminer la souffrance, mais ton cœur.

Anthony de Mello

Le brahmane Shiva devant son logement à Pashupatinath, Katmandou, Népal.

Les religions sont autant de chemins différents convergeant vers un même point. Qu'importe dès lors que nous empruntions différents itinéraires pourvu que nous atteignions tous le même but ?

Mahatma Gandhi

Sina, jeune fille népalaise, et le sâdhu Hanuman, Pashupatinath, Népal.

C'est un progrès incontestable que de connaître la forme et les dimensions exactes de la Terre, mais qu'elle soit ronde ou plate ne change pas grand-chose au sens de l'existence.

Matthieu Ricard

Un tambour de prière vieux de 600 ans, dans la ville légendaire de Lo Mantang, capitale du Mustang, Népal.

Sans paix intérieure, la paix extérieure est impossible.

14e Dalaï-Lama

Un moine tibétain et deux religieuses pendant la méditation du matin à Bodnath, Katmandou, Népal.

Dans l'histoire de la vie de Bouddha, nous pouvons distinguer
les trois entraînements :
D'abord vient l'éthique, ensuite la méditation concentrée et enfin, la sagesse.
Et nous voyons aussi qu'il faut du temps pour parcourir le chemin.

14e Dalaï-Lama

Les religieuses Tsering, Tashi et Dolma devant leur nouveau couvent à Lingshed, Zanskar, Nord de l'Inde.

ཡང་དག་པ་འི་ངག

Conscience

Par-dessus les toits des monastères de l'Himalaya, la conque appelle les moines au petit jour pour la prière du matin. On entend de loin le son pénétrant de la conque, à travers l'air clair et frais des plateaux et des montagnes enneigées. La conque représente la voix de l'enseignement du Bouddha, qui retentit courageusement aux quatre coins du ciel pour tirer les hommes du sommeil de l'ignorance et leur insuffler la conscience d'une destinée meilleure. L'éveil des sens intérieurs, la transformation de la conscience marquent le commencement de toute voie spirituelle empruntée par l'homme pour atteindre enfin la libération et l'illumination.

Voir ce qui est ici et maintenant, c'est cela la contemplation.

Swâmi Prajnânpad

Lever du soleil sur le Khumbu en pays Sherpa, Népal.

Nous sommes ce que nous pensons. Tout ce que nous sommes résulte de nos pensées. Avec nos pensées, nous créons le monde.

Extrait du Dhammapada

Le Tibétain Gybon-laa prie dans un rayon de lumière au monastère de Choku, Kailash, Ouest du Tibet.

Dès que vous perdez patience, que votre raison est dépassée par vos émotions et paralysée, vous perdez la capacité d'analyser. Si au contraire, grâce à une attitude altruiste, vous êtes patient, vous ne perdrez pas de votre force spirituelle, vous pourrez même l'augmenter et utiliser votre capacité d'analyse pour trouver de quelle façon vous pourrez surmonter la situation négative à laquelle vous êtes confronté.

14e Dalaï-Lama

Premiers rayons de soleil sur le stûpa de Bodnath. Pensif, le moine Tashi Dorje observe les pigeons attendant leur nourriture, Katmandou, Népal.

Accorde ta vie comme un instrument de musique.
Tes résolutions doivent être comme des cordes, ni trop tendues,
sinon elles casseront, ni trop lâches, sinon, elles ne sonneront pas.
Tu dois montrer de la compassion pour toi-même,
apprendre à ressentir avec toi-même et avec les autres.

Samyutta Nikaya

Le novice Tzering Gyaltzen sur le toit du monastère de Sera, Sud de l'Inde.

Veiller sur la parole,
contrôler l'esprit,
s'abstenir des actes mauvais,
que l'on se purifie par ces trois moyens
pour atteindre le sentier
déclaré par les sages.

Extrait du Dhammapada

Des moines du monastère de Sera lors de leurs exercices quotidiens, Sud de l'Inde.

Nous sommes nés pour accomplir quelque chose, pour apporter quelque chose au monde, pour « réaliser » la vie, et non pour détruire, opprimer et affamer.
La volonté, la clarté et l'amour sont les trois clés de la réussite.

Drukpa Rinpoché

Derniers préparatifs avant la danse des masques dans le dzong de Wangdi, Bhoutan.

Religieuses bouddhistes dans la cour du monastère de Kopan, vallée de Katmandou, Népal.

Nous ne sommes pas indépendants, mais interdépendants.

Jack Kornfield

Nous devons être parfaitement conscients de la relation d'interdépendance qui unit les nations, les hommes et les animaux ou encore les animaux, les hommes et le monde. Tous dépendent mutuellement les uns des autres. Je pense que de nombreux problèmes, surtout les problèmes venant de l'homme, reposent sur notre manque de connaissance de cette interdépendance.

14e Dalaï-Lama

Une représentation du 14e Dalaï-Lama sur une assiette brisée dans le creux d'un chorten, Mustang, Népal.

Pas à pas, pièce à pièce, heure par heure, celui qui est sage doit épurer son moi de toute impureté, comme un orfèvre épure l'argent.

Extrait du Dhammapada

Deux pèlerins tibétains font le tour du palais du Potala en se prosternant, Lhassa, Tibet.

Apprends à saisir l'instant ! Ne te sauve pas, ne fuis pas
dans les illusions du passé ou du futur.
Rassemble ton esprit, là où tu te trouves, avec une conscience de l'instant aiguisée.
Ici, c'est là où nous nous trouvons. Il n'y a pas d'autre lieu qu'ici.

Drukpa Rinpoché

Une vieille pèlerine tibétaine dans le monastère de Samye, Tibet.

Nous devons œuvrer pour le bien de nos semblables.
Et si nous devons souffrir pour cela,
nous pourrons le supporter.
L'expérience de la douleur
ne doit pas nous décourager,
car il n'est pas d'expérience
que la connaissance ne rende supportable.
Nous pouvons nous habituer,
sur le chemin de la libération, à supporter aussi la souffrance.

14e Dalaï-Lama

Pèlerins tibétains, sur les rives du lac Manasarovar, tenant une photo « interdite » du Dalaï-Lama (depuis le décret chinois, il y a dix ans, la possession d'une représentation du Dalaï-Lama est punie par la Loi), Ouest du Tibet.

Je vous ai montré les chemins qui mènent à la libération.
Mais la libération ne dépend que de vous.

Bouddha Sakyamuni

Le moine Tsewang Jorges pendant la méditation du matin au gompa de Shey, vallée de Leh, Ladakh.

Là où règnent force intérieure et confiance en soi, disparaissent méfiance, peur et doute.

14e Dalaï-Lama

Jeune moine du monastère de Sera près de Lhassa, Tibet.

Le fou qui a conscience de sa folie,
En cela il est un sage ;
Mais le fou qui s'imagine être un sage
celui-là est vraiment fou.

Extrait du Dhammapada

Salut traditionnel tibétain d'un mendiant de Shigatse, Tibet.

L'éducation doit se faire en accord avec la bonne nature de l'enfant. Le facteur le plus important est d'éduquer l'enfant dans une atmosphère d'amour et de tendresse. Dans l'idéal, les qualités humaines se développent parallèlement à la bonté, mais s'il s'avérait nécessaire de faire un choix entre les grandes qualités en général et la bonté, c'est cette dernière qu'il faudrait choisir.

14e Dalaï-Lama

Le jeune Motup en bordure du champ de ses parents faisant une pause pendant la récolte, Lingshed, Ladakh, Nord de l'Inde.

L'univers est l'énergie de l'âme ; de cette énergie procèdent la vie, la conscience et les éléments. L'univers est la volonté de l'âme ; de cette volonté procède la loi de la causalité. A partir de l'âme, l'un a engendré le multiple ; mais dans l'âme le multiple est un.

Extrait des Upanishads

Le sâdhu Ram Baba tenant son bâton à tête de serpent, Pashupatinath, Népal.

Le mental vit dans un cercle vicieux.

Il se crée des problèmes lui-même et tente ensuite de les résoudre.

Swâmi Prajnânpad

Lever de soleil sur un étang de Janakpur, Sud du Népal.

L'homme s'est, de façon erronée, identifié à une « pseudo âme », à un ego.
En transférant son sentiment d'identité sur son être véritable, son âme immortelle,
il découvre que les souffrances ne sont pas réelles.
Il ne peut même plus s'imaginer l'état de souffrance.

Paramahansa Yogananda

Le sâdhu Hanuman à Pashupatinath, Népal.

21

Tel le serpent changeant de peau régulièrement, nous devons, nous aussi, nous débarrasser souvent de nombreux préjugés du passé. Nous devons nous détacher des idées et désirs corrompus. Notre vie est jalonnée de tournants et de transformations, nous devons sans cesse nous adapter à de nouvelles situations. C'est ainsi que nous apprenons la liberté et le bonheur de la vie.

Digha Nikaya

Statue de Vishnu couché sur le serpent à Budhanilkantha, vallée de Katmandou, Népal.

La liberté est un état d'esprit, non le fait d'être affranchi de quelque chose.

Krishnamurti

Le sâdhu Muni Baba tenant ses deux mètres de cheveux, Santabar, Sud du Népal.

L'illusion seule est aisée. La vérité est toujours difficile !

Rabindranath Tagore

La sadhvi Muka Das, Népal.

ཡང་དག་པའི་རྟོག་པ།

Compassion

De ce vase sacré coule l'eau de l'immortalité. Symbole de bonheur infini, elle prodigue longue vie, richesse et abondance. Mais l'élixir de vie débordant de ce vase est avant tout source de richesse spirituelle et dépasse de loin les limites de la vie terrestre et des biens éphémères de ce monde. Les trésors dont il regorge sont de grande valeur car ils conduisent à la libération, à la fin de la souffrance, à l'éveil et à la véritable immortalité. Un des joyaux les plus précieux parmi ces trésors est la compassion, vertu centrale de tout sentier spirituel.

La véritable essence de l'être humain est la bonté. D'autres qualités naissent de l'éducation ou du savoir, mais quand on veut vraiment devenir un être humain et donner un sens à son existence, il est alors essentiel d'avoir un coeur bon.

14e Dalaï-Lama

Des enfants du village de Tangbe dans le Haut Mustang, Népal.

Ne laissez personne venir à vous et repartir sans être plus heureux.

Mère Teresa

Jeune pèlerin devant les portes du monastère de Langbona sur les rives du lac Manasarovar, Ouest du Tibet.

Je serai toujours auprès de ceux qui ont la foi, et aussi de ceux qui ne l'ont pas, même s'ils ne me voient pas. Ma compassion protégera toujours mes enfants.

Padmasambhava

La petite Dolma accompagne les yaks de son père sur le Mont Kailash, Ouest du Tibet.

La gentillesse et la douceur ouvrent les cœurs.

Saint Vincent de Paul

Des novices tenant une photo du 17e Karmapa dans la cour du monastère de Rumtek, Sikkim.

Nous devons désirer le bonheur d'autrui, non le nôtre.
Nous devons tout particulièrement souhaiter le bonheur de ceux que nous prenons pour des ennemis et de ceux qui nous font du mal.
Autrement à quoi servirait la compassion ?

Dilgo Khyentsé Rinpoché

Le jeune pèlerin tibétain Norbu dans le temple de Jokhang à Lhassa, Tibet.

Sur un point, nous nous ressemblons tous, nous, nos amis, nos ennemis et tous les êtres vivants : nous voulons tous être heureux et ne pas souffrir. En cela nous sommes tous semblables.

14e Dalaï-Lama

Deux jeunes nomades sur les plateaux désertiques du Changtang, Tibet.

Développer sa bonté de cœur ne doit pas être important seulement pour ceux qui croient à une religion, ... mais pour tous ceux qui pensent être membres de la famille humaine.

14e Dalaï-Lama

Un stûpa, symbolisant un mandala tridimensionnel, au cœur du Bhoutan.

Une grande compassion est comme un joyau qui exauce les souhaits. Elle comble vos espérances ainsi que celles des autres.

Shabkar

Une vieille boîte de lait en poudre transformée en tambour à prière. A l'intérieur, se trouvent des rouleaux de papier de riz sur lesquels est écrit 100 000 fois le mantra de la compassion, Haut Pisang, Népal.

光明牌全脂奶粉
Bright
WHOLE MILK POWDER

Quel que soit le nombre de saintes paroles que vous lisiez, quel que soit le nombre de saintes paroles que vous disiez, quelle valeur ont-elles pour vous si vos actes ne s'y conforment pas ?

Extrait du Dhammapada

Mat à drapeaux de prières sur le versant ouest du Kailash, Ouest du Tibet.

Que ce soit au sein de notre famille ou de la grande famille humaine, si nous agissons toujours avec estime pour les autres, nos efforts communs ont une chance d'aboutir. La plupart des choses bonnes ou utiles de ce monde découlent d'une attitude d'estime des autres.

14e Dalaï-Lama

Tashi, Dolma et leur fille Tsering travaillant la laine de leurs moutons, Ladakh.

La compassion est la méthode, la sagesse,
la voie philosophique de compréhension
de la réalité.

14e Dalaï-Lama

Mendiant indien à Dharamsala. Des visiteurs quittent le monastère d'exil du Dalaï-Lama après quatre heures d'enseignement, Nord de l'Inde.

Seule l'intelligence née de l'amour et de la compassion peut résoudre les problèmes de la vie.

Krishnamurti

Rai Kumar pleure sa mère disparue, Pashupatinath, Népal.

Un moyen très efficace d'éveiller la compassion
est de considérer que les autres sont semblables à soi.
Finalement, comme le dit le Dalaï-Lama, tous les êtres humains sont semblables ;
Ils sont tous faits de chair, d'os et de sang.
Nous voulons tous être heureux et ne pas souffrir.
Et nous avons aussi tous le même droit au bonheur.
En d'autres termes : il est important de comprendre notre égalité
en tant qu'êtres humains.

Sogyal Rinpoché

Un lépreux mourant et un moine mendiant dans une rue de Katmandou, Népal.

Il n'y a pas de vie sans souffrance,
mais il ne tient qu'à toi de souffrir de cette
douleur ou d'en tirer des enseignements.

Matthias Stöbener

Un homme ayant posé ses prothèses de jambe à l'entrée du stûpa de Swayambunath, Katmandou, Népal.

Un cœur c'est comme un jardin.
On peut y faire pousser la compassion ou la peur,
la rancœur ou l'amour.
Et toi, quelles sortes de graines veux-tu y semer ?

Jack Kornfield

Le pèlerin écossais Yajanang Das voyage depuis 25 ans déjà comme disciple de Krishna à travers l'Himalaya, Pashupatinath, Népal.

Des sâdhus à Pashupatinath, Katmandou, Népal.

Le seul chemin qui mène à une paix durable passe par la confiance mutuelle, le respect, l'amour et la compassion.
C'est le seul chemin qui existe !

14e Dalaï-Lama

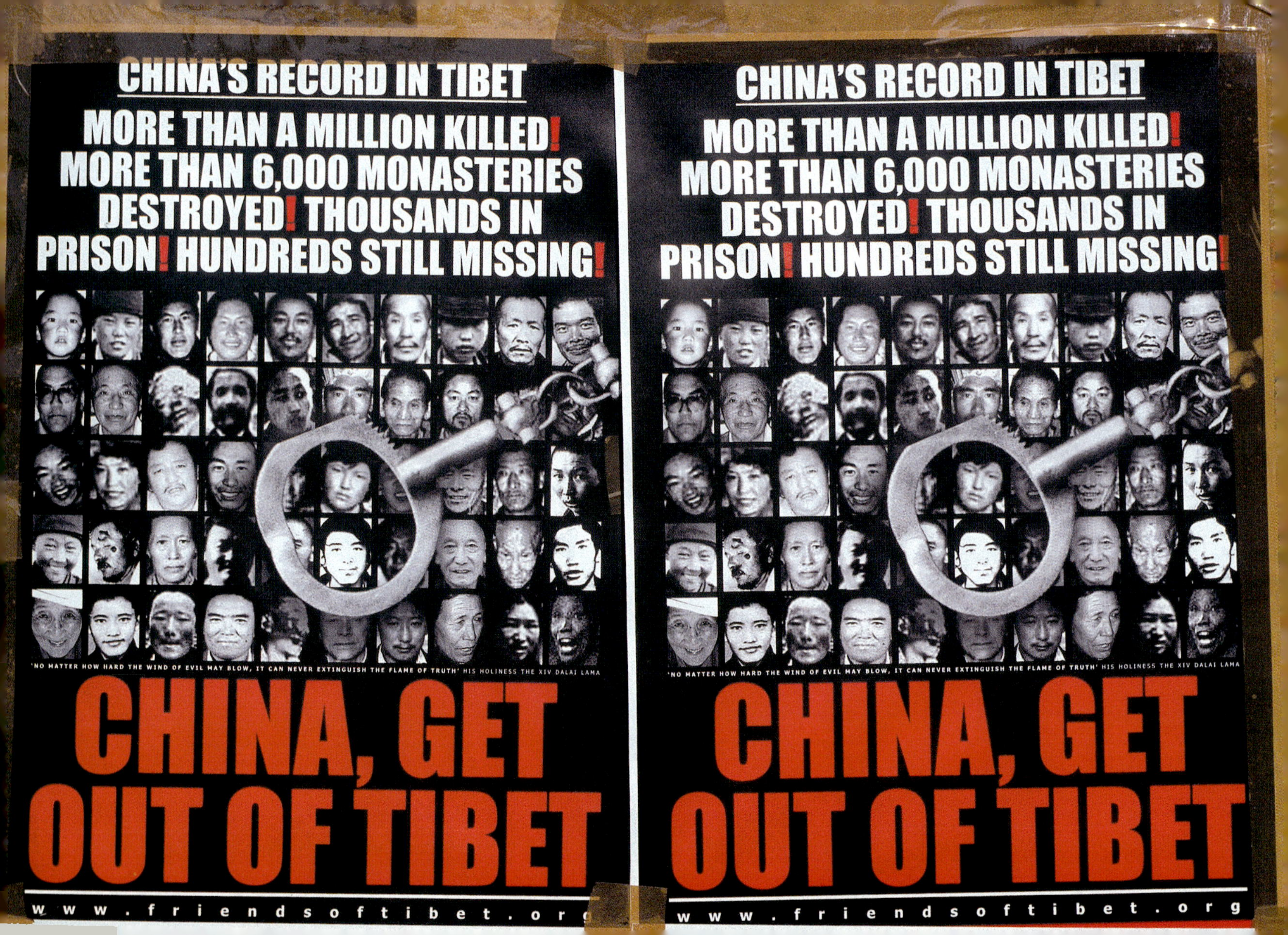
CHINA'S RECORD IN TIBET
MORE THAN A MILLION KILLED! MORE THAN 6,000 MONASTERIES DESTROYED! THOUSANDS IN PRISON! HUNDREDS STILL MISSING!
'NO MATTER HOW HARD THE WIND OF EVIL MAY BLOW, IT CAN NEVER EXTINGUISH THE FLAME OF TRUTH' HIS HOLINESS THE XIV DALAI LAMA
CHINA, GET OUT OF TIBET
www.friendsoftibet.org
CHINA'S RECORD IN TIBET
MORE THAN A MILLION KILLED! MORE THAN 6,000 MONASTERIES DESTROYED! THOUSANDS IN PRISON! HUNDREDS STILL MISSING!
'NO MATTER HOW HARD THE WIND OF EVIL MAY BLOW, IT CAN NEVER EXTINGUISH THE FLAME OF TRUTH' HIS HOLINESS THE XIV DALAI LAMA
CHINA, GET OUT OF TIBET
www.friendsoftibet.org

On ne s'irrite pas contre le bâton, auteur immédiat des coups, mais contre celui qui le manie ; or cet homme est lui-même manipulé par la haine. C'est donc la haine qu'il nous faut haïr.

Shantideva

Une affiche à Dharamsala, Nord de l'Inde.

free tibet !

La non-violence est la plus grande force dont dispose l'humanité.
Elle est plus puissante que l'arme la plus destructrice jamais inventée
par l'esprit ingénieux de l'homme.

Mahatma Gandhi

Un moine tibétain récitant ses mantras dans l'avant-cour du grand stûpa de Bodnath, Katmandou, Népal.

SAVE TIBET
FOR
WORLD PEACE
FREE TIBET
HELP END THE CHINESE OCCUPATION
Momos
Prayer Wheel

Quand on étudie notre longue histoire de haine et de colère, on reconnaît l'évidente nécessité de trouver un meilleur chemin. On ne pourra résoudre nos problèmes qu'avec des moyens pacifiques. Des mots de paix seuls ne suffisent pas, on a aussi besoin d'un esprit et d'un cœur emplis de paix. De cette façon on obtiendra un monde meilleur.

14e Dalaï-Lama

Sur un mur de Dharamsala, Nord de l'Inde.

En fin de compte, toutes les religions poursuivent le même but : faire des hommes meilleurs, des hommes plus tolérants, plus compatissants et moins égoïstes.

14e Dalaï-Lama

Nenchen, religieuse bhoutanaise, en pleine méditation, Paro, Bhoutan.

Au sens le plus profond, nous sommes vraiment tous frères et sœurs, nous devons donc partager nos souffrances. L'attention mutuelle, la confiance et l'intérêt porté au bien-être des autres sont nos meilleurs espoirs pour une paix durable dans le monde.

14e Dalaï-Lama

Des moines lors d'une manifestation pacifiste à Dharamsala, Nord de l'Inde.

ཡང་དག་པ་འཇི་ལ་བ།

Détachement

Les bannières de la victoire ornant les temples et les toits des monastères tibétains sont l'expression du détachement serein qu'engendre la victoire sur le monde des phénomènes et des passions. Si elles précédaient les guerriers victorieux à la bataille par le passé, dans le bouddhisme elles symbolisent la victoire de la connaissance sur l'ignorance, le triomphe sur toutes les formes de colère et de haine et le dépassement de la mort, de la souffrance et de tous les obstacles. Ces bannières sont le symbole de la libération, le signe d'une victoire spirituelle définitive, d'une victoire qui ne peut être conquise avec des armes terrestres, mais seulement par la sagesse et le détachement.

La gentillesse et la bienveillance sont les clés de la paix et de l'harmonie dans la vie de famille. Les familles doivent élever et instruire leurs enfants. Les parents devraient être les premiers professeurs de l'esprit et de l'âme de leurs enfants.

14e Dalaï-Lama

Des paysannes au milieu de leur champ d'orge dans le village de Pidmu, Zanskar, Nord de l'Inde.

L'idée de karma ne repose pas sur le fatalisme ou le déterminisme. Le karma représente notre capacité à créer et à nous transformer. Il signifie que nous pouvons décider comment et pourquoi nous agissons. Nous pouvons changer. L'avenir repose dans nos propres mains. Le Bouddha a dit : le karma est créatif comme un artiste, le karma s'exprime comme un danseur.

Sagesse bouddhiste

Des amuseurs pendant le festival de la danse des masques au dzong de Wangdi, Bhoutan.

On peut arrêter un conflit, une guerre, mais d'autres surviendront, à moins que l'esprit des gens ne change. N'y a-t-il pas, en revanche, un moyen de découvrir une paix intérieure qui ne dépende pas de la santé, du pouvoir, du succès, de l'argent, des plaisirs des gens ?

Matthieu Ricard

Des amuseurs taquinant deux policiers pendant la fête du dzong de Wangdi, Bhoutan.

Si les hommes peuvent rire, alors ils peuvent penser !

14e Dalaï-Lama

Son chapeau de feutre roulé en forme de pénis (pour éloigner les démons), un Bhoutanais sourit au photographe.

C’est le but dans lequel ils gagnent de l’argent qui doit rendre les hommes heureux et non le contraire.

14e Dalaï-Lama

Saison de la mousson à la frontière entre le Népal et le Tibet ; un chanteur sur le bord du chemin.

Ce que nous avons fait tout au long de notre vie fait de nous ce que nous sommes au moment de notre mort. Et tout, vraiment tout, compte.

Sagesse bouddhiste

Un chorten marquant l'entrée du village de Tangbe, Mustang, Népal.

L'homme est la seule espèce capable de détruire la planète.
Ni les oiseaux ni aucun mammifère ne possèdent ce pouvoir.
Or, si l'homme a la capacité de détruire la Terre,
il possède aussi les moyens de la protéger de la destruction.

14e Dalaï-Lama

Paysage hivernal devant le village de Khumjung, Khumbu, Népal.

Pour moi, il est clair que le progrès matériel seul ne peut remplacer
les traditionnelles valeurs spirituelles ou humaines.
A mon avis, on devrait essayer de rétablir un juste équilibre
entre la croissance matérielle et la croissance spirituelle.

14e Dalaï-Lama

Des moines et des paysans de Lingshed transportant du bois de construction, Ladakh, Nord de l'Inde.

Si l'on se concentre sur les futilités, l'essentiel se dérobe à nous. Bien sûr, si cela nous suffisait pour être pleinement heureux, il serait tout à fait raisonnable de vivre ainsi, mais tel n'est pas le cas.

14e Dalaï-Lama

L'équipe de volley des poussins de Pidmu possède certes un ballon depuis déjà quatre ans, mais malheureusement il est crevé depuis trois ans, Zanskar, Nord de l'Inde.

Ceux qui ont mis les enseignements en pratique
et que rien ne déconcerte,
ils sont en paix, où qu'ils aillent,
et c'est pour eux le plus grand bonheur.

Sutta Nipata

Un paysan tenant une photo du 14e Dalaï-Lama et un mala dans la cour du monastère de Lingshed, Ladakh.

Le but du voyage de ta vie n'est rien que tu ne pourrais atteindre.
C'est d'arriver à toi.
Chaque instant que tu vis en accord avec toi-même
est un pas de plus vers ce but.

Matthias Stöbener

Le monastère de Taktshang « le Nid du Tigre » est comme perché au sommet d'une falaise de granite de 400 mètres de hauteur, Bhoutan.

La personne qui se montre en toute circonstance patiente et tolérante jouit d'une certaine tranquillité.

14e Dalaï-Lama

Vieux paysan du Bhoutan.

Nous échangeons l'air que nous respirons avec les forêts. Nous buvons la même eau qui retourne à l'océan. L'air et l'eau sont des éléments constitutifs de notre vie. Et nous sommes des éléments constitutifs du monde. Nous reconnaissons que nous dépendons les uns des autres, que nous sommes apparentés les uns aux autres. Alors nous agirons avec respect envers la nature car nous faisons partie d'elle.

Sutta Nipata

Des écolières se protégeant de la pluie de la mousson sous une feuille de bananier, Népal.

Qu'entend-t-on par une bonne vie ? Pas une vie agréable dans laquelle tous nos désirs matériels et nos rêves se réalisent. C'est bien plus une vie vécue de manière responsable et morale.

14e Dalaï-Lama

Dolma, bergère tibétaine trait une chèvre dans le Changtang, Ladakh oriental, Inde.

Le désir a pour but la satisfaction. Si nous en voulons toujours plus, ce but n'est jamais atteint et au lieu du bonheur nous trouvons la souffrance.

14e Dalaï-Lama

Le jeune novice Sonam Tashi jouant avec la voiture en fil de fer qu'il s'est construite, monastère de Rizong, Ladakh.

Notre vie intérieure rayonne vers l'extérieur.

Ayya Khema

Sandup, lama du monastère de Lingshed, est un modèle pour tous les habitants de la vallée, pour sa bonté sans fin, sa compassion et son sourire plein de tendresse, Nord de l'Inde.

Chaque créature est liée à une autre et chaque être vivant existe grâce à un autre.

Sainte Hildegarde de Bingen

Des novices dans le dzong de Punakha, Bhoutan.

Personne n'espère quelque chose de mauvais. Par conséquent, le but même de notre vie est le bonheur : nous voulons vivre des journées, des semaines, des années plus heureuses, avoir une famille plus heureuse et vivre au sein d'une communauté humaine plus heureuse. L'attitude mentale étant un facteur majeur, je pense que nous devrions porter plus d'intérêt à notre développement intérieur.

14e Dalaï-Lama

Des novices et leurs professeurs sur le toit de leur monastère à Dharamsala, Nord de l'Inde.

Le sage se met en arrière, il est donc mis en avant.

Lao Tseu

Des moines du monastère de Lingshed, Ladakh.

Tu es ton propre maître. Ton avenir ne dépend que de toi. Personne d'autre ne peut prendre ta vie future en main ; de même que seules tes épaules peuvent porter le poids de ta vie actuelle.

Bouddha Sakyamuni

Tibétaine Kampa sur le chemin de son village dans le Dolpo.

Touche les êtres vivants autour de toi
comme le fait la déesse mère du monde.
Traite tous les êtres comme s'ils étaient tes enfants.
N'inflige pas de douleur aux autres êtres vivants,
car comme toi ils ressentent les choses.
Ils sont tes frères et tes soeurs.
Apprends à te détacher à temps
des choses qui t'entourent.
C'est là qu'est la clé du vrai bonheur.

Digha Nikaya

Susan, écolier népalais jouant de la flûte, Katmandou, Népal.

L'homme perd la capacité de poursuivre son idéal de vie simple et de pensée noble, au moment même où il augmente ses désirs quotidiens. Le vrai bonheur de l'homme réside dans le contentement.

Mahatma Gandhi

Le pèlerin Rade Baba près d'un shiva lingam à Gosaikunda, Nord du Népal.

ॐ नमः शिवाय

ཡང་དག་པའི་འཚོ་བ།

Amour

L'homme qui a atteint l'éveil et la libération, qui a réalisé dans son cœur l'amour pour tous les êtres vivants, nage dans l'océan des souffrances comme un poisson dans l'eau, libre, sans entrave et sans peur. Il ne craint pas de se noyer dans le courant des tourments et des pervertissements du cycle de la mort et de la renaissance car si la vie est limitée, l'amour, lui, est inépuisable. Ainsi, les deux poissons symboles de bonheur ne figurent pas uniquement l'amour et l'accomplissement dans le mariage en Chine, ils représentent aussi le bonheur et la libération spirituelle chez les hindouistes, les bouddhistes et les jaïnistes.

Il est très difficile de parvenir à la paix et l'harmonie à travers la compétition et la haine, c'est pourquoi la pratique de la gentillesse est primordiale dans la société humaine.

14e Dalaï-Lama

Jeunes novices du monastère de Lingshed, Ladakh.

Il existe un secret de l'amour. Ceux qui s'aiment ressentent au plus profond de leur cœur l'attraction des étoiles, l'ardeur des soleils, le commencement et la fin des mondes. Ils meurent et renaissent dans le même corps.

Drukpa Rinpoché

Nomade tibétaine avec ses deux enfants sur le chemin de la kora autour du Kailash, Ouest du Tibet.

Ne cherche pas la perfection dans un monde en transformation.
Perfectionne plutôt ton amour.

Jack Kornfield

La paysanne Susmita tenant son fils devant la peinture murale (symbole de protection) de sa grange, Teraï, Sud du Népal.

L'amour authentique chasse la peur. Là où il y a de l'amour il n'y a pas d'exigences, d'attentes ou de dépendance. Je n'attends pas de toi que tu me rendes heureux ; mon bonheur ne dépend pas de toi. Si tu devais me quitter, je ne m'apitoierais pas sur moi. J'apprécie énormément ta compagnie, mais je ne m'attache pas.

Anthony de Mello

Sa mère malade sur le dos, le jeune paysan Maderna part en pèlerinage vers le sanctuaire Muktinath, Annapurna, Népal.

La paix émane de celui qui sème l'amour et transforme cet amour en actes. Nous sommes nés pour aimer et être aimés.

Mère Teresa

Au matin de la fête de la pleine lune, près des lacs sacrés de Gosaikunda, Nord du Népal.

Si ton cœur répond instinctivement au bonheur et à la peine des autres, tu sais que tu as perdu ton ego et que tu ne fais plus qu'un avec le genre humain.
Alors enfin, l'amour s'est installé.

Anthony de Mello

Son épouse malade sur le dos, un paysan mendie près du stûpa bouddhiste de Bodnath, Népal.

Bhandar
DEVPATTAN.KTM.

Toutes les grandes religions de ce monde, que ce soit le bouddhisme, le christianisme, le confucianisme, l'hindouisme, l'islam, le jaïnisme, le judaïsme, la religion Sikh, le taoïsme ou encore le zoroastrisme, ont des conceptions semblables de l'idéal de l'amour. Toutes veulent être profitables aux hommes à travers la pratique spirituelle et faire de leurs croyants des hommes meilleurs.

14e Dalaï-Lama

Trois pèlerines hindouistes se rendant à la fête de Shivaratri à Pashupatinath, Katmandou, Népal.

Il est vital de laisser une large place au changement dans les relations avec l'autre. Ces transitions tiennent lieu de périodes charnières, où l'amour véritable mûrit et s'épanouit. Nous sommes désormais en position de vraiment connaître l'autre – de le voir tel qu'il est, avec ses défauts et ses faiblesses, un être humain comme nous-même. Ce n'est qu'à ce stade que nous sommes en mesure de nous engager sincèrement auprès de l'autre – un véritable acte d'amour.

14e Dalaï-Lama

Trois pèlerines tibétaines à la fête de Saga Dawa sur le versant ouest du Mont Kailash, Ouest du Tibet.

Nous sommes libres de choisir d'aimer ou de haïr.

14e Dalaï-Lama

Les novices Dawa et Norbu devant une peinture murale, Sikkim.

Aimer c'est souhaiter que tous les êtres sensibles
jouissent du bonheur et n'en soient jamais entièrement
écartés. Grâce à la force de la méditation sur l'amour,
le Bouddha vainquit l'armée des démons.
Ainsi, la méditation sur l'amour
est la plus grande protection face au mal.
A travers la méditation, nous nous entraînons à aimer.

14e Dalaï-Lama

Le moine Dawa prie devant une peinture murale représentant la Tara Verte sur la kora autour du monastère de Shigatse, Tibet.

Ne te juge pas trop sévèrement.
Sans tolérance envers soi-même,
il est impossible d'aimer le monde.

Bouddha Sakyamuni

Paysan du Teraï, Népal.

La joie ne provient pas des possessions et de la richesse.
La véritable joie de vivre vient d'un cœur sage et aimant.
Plus nous dépensons notre force vitale pour les autres,
plus nous en recevons en retour.

Sutta Nipata

Le brahmane Sutra pendant la prière du soir, Pashupatinath, Népal .

Une fleur a besoin de soleil pour devenir fleur.

Un homme a besoin d'amour pour devenir homme.

Phil Bosmans

Le petit Palden dans l'écharpe de sa mère Pema, durant un pèlerinage de quatre jours vers Leh, Ladakh, Nord de l'Inde.

Lorsque tu aimes, tu es patient.
Lorsque tu es patient, tu aimes.

Matthias Stöbener

Dolma, paysanne du Ladakh, montre à son fils Rigzin un épi de seigle, Nord de l'Inde.

L'amour est inventif jusqu'à l'infini.

Saint Vincent de Paul

Emmitouflé dans une peau de mouton par sa mère, Tashi, dix mois, vit son premier pèlerinage vers le Kailash, Ouest du Tibet.

L'amour ne donne que de lui-même,
et ne prend que de lui-même.
L'amour ne possède pas, ni ne saurait être possédé.
Car l'amour suffit à l'amour.

Khalil Gibran

Avec amour, une mère a cousu des coquillages sur le bonnet dans lequel elle peut cacher l'âme de son enfant si des démons viennent le tourmenter, Lingshed.

Le bonheur passe par la capacité à profiter de l'instant présent, être ici et maintenant.
Mahatma Gandhi
Offrande du feu pendant la fête du printemps à Bhaktapur, Népal.

Celui qui perçoit la musique de l'âme
joue bien son rôle dans la mélodie de la vie.

Swami Sivananda

Un sâdhu dans la vallée de Katmandou, Népal.

Que toutes choses parmi vous se fassent dans l'amour.

1er épître aux Corinthiens 16, 14

Jeune fille du Bhoutan.

On ne peut chasser l'obscurité par l'obscurité. Seule la lumière le peut.
On ne peut guérir la haine par la haine. Seul l'amour le peut.

Phil Bosmans

Des enfants jouant dans les ruelles étroites de Kagbeni, Mustang, Népal.

Dieu est un dieu du présent. Tel Il te trouve, tel Il te prend et t'accueille, non pas tel que tu as été mais tel que tu es maintenant.

Maître Eckhart

Endormi et protégé dans la cour du dzong de Punakha, Bhoutan.

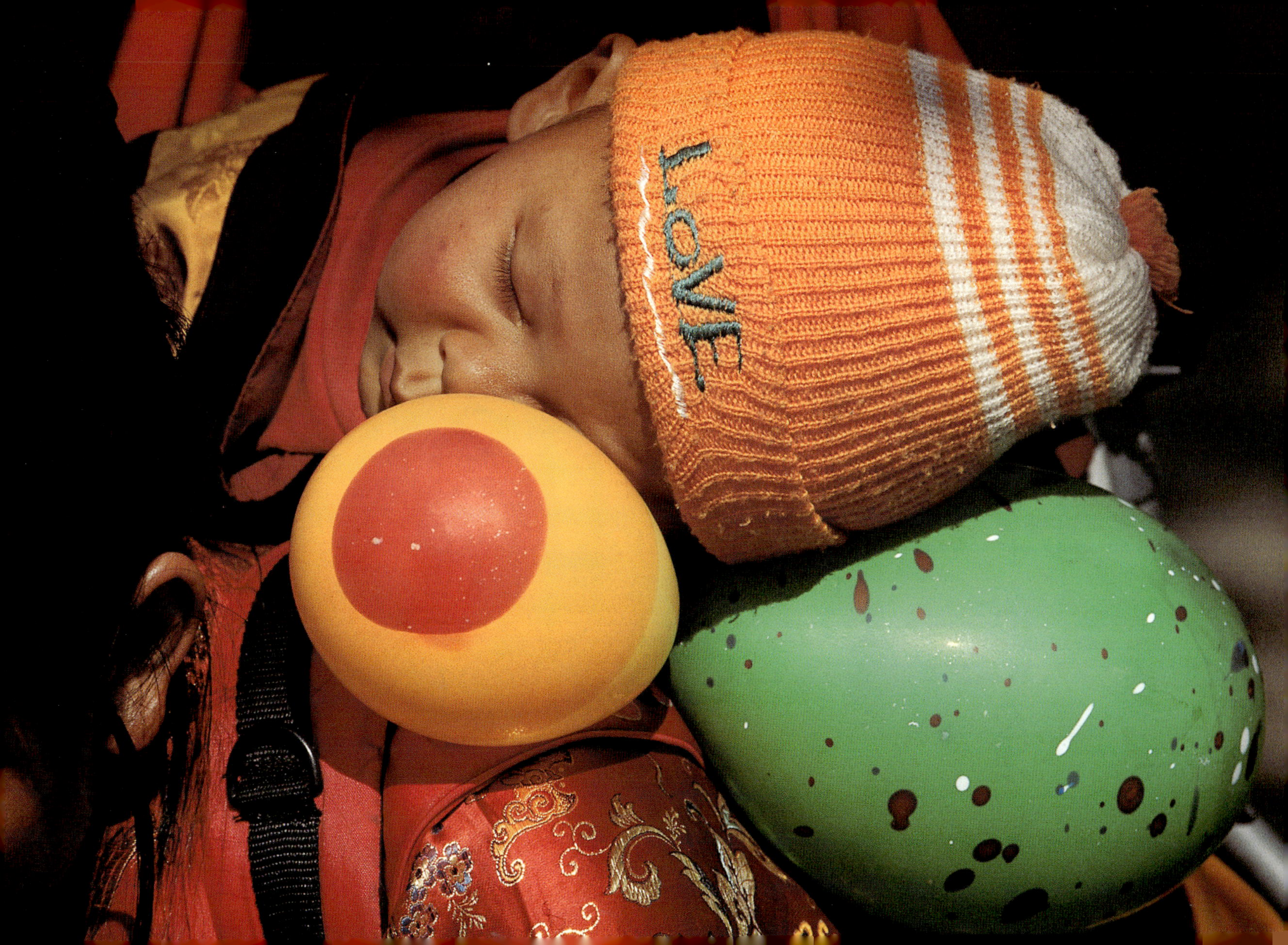
LOVE

ཡང་དག་པ་འདྲེན་པ།

Transformation

Dans l'univers, tout est lié. La nature de la réalité apparaît semblable à un tissage en continuelle transformation. Il résulte des relations entre la mort et la renaissance, la cause et l'effet, mais émane aussi de la compassion et de la sagesse, ainsi que de la vacuité et de l'interdépendance. Le noeud sans fin, motif bien connu dans de nombreuses cultures de par le monde, est noué sur lui-même sans début ni fin. Représentation du lien entre l'homme et son destin karmique, il est le noeud du bonheur et de l'amour, le symbole de la sagesse infinie de Bouddha.

Du fait de l'importance excessive que, dans notre culture, nous accordons à l'intellect, nous imaginons qu'atteindre l'éveil exige une intelligence supérieure. Au contraire, bien des formes d'agilité intellectuelle ne font que nous aveugler davantage.
C'est ce qu'exprime ce proverbe Tibétain :
« Si vous êtes trop malin, vous risquez de passer à côté de l'essentiel ».

Sogyal Rinpoché

Zapel, moine du monastère de Lingshed, joue avec son téléphone portable indien même s'il n'y a pas de réseau si loin dans les montagnes, Nord de l'Inde.

instax 200

La vie est comme un fleuve. Au premier abord, cela ne se voit pas,
mais en regardant de plus près, si le désir de voir t'ouvre enfin les yeux,
tu verras que tout se transforme à chaque instant.

Drukpa Rinpoché

Pèlerin tibétain avec un appareil photo polaroïd chinois durant la fête de Saga Dawa sur le Mont Kailash, Ouest du Tibet.

BOY
DIJIN BOY DIJIN BOY

Ne vous attachez pas à la douceur et à la volupté.
Mais ne vous attachez pas non plus à la douleur et à l'oppression.
Apprenez plutôt à vous en détacher lorsque le temps est venu.
Ne vous enchaînez pas comme des esclaves à la beauté.
Mais ne vous enchaînez pas non plus à la souffrance.
Tout se transforme, tout est éphémère.

Extrait du Dhammapada

Jeune tibétain devant la statue d'un cycliste chinois à Shigatse, Tibet.

L'esprit du débutant contient beaucoup de possibilités,
mais celui de l'expert en contient peu.

Shunryu Suzuki

Un jeune novice du monastère de Ganden joue à la Gameboy, Lhassa, Tibet.

Qu'est-ce qui est nécessaire pour voir les choses d'un œil nouveau ?
On n'a pas besoin de force, ni de se rendre utile,
on n'a besoin ni de confiance en soi, ni de volonté ou d'effort.
On a juste besoin de vouloir voir l'inhabituel ;
vouloir voir quelque chose de nouveau.

Anthony de Mello

Des ammonites, fossiles provenant des fonds marins, comme on en trouve partout en Himalaya, Lo Mantang, Népal.

西藏旅游 促进经济繁荣
拉萨市旅游局

Un beau pays est une illusion digne d'un rêve,
cela n'a aucun sens de s'y attacher.
Tant que les forces des émotions négatives ne seront pas vaincues,
la lutte contre les ennemis extérieurs ne prendra jamais fin !

Dilgo Khyentsé Rinpoché

Une Tibétaine pendant sa prière du matin devant le palais du Potala sur les murs duquel est suspendu un texte chinois, Lhassa, Tibet.

发展西藏旅
促进经济繁荣

Ce ne sont pas les autres qu'il faut changer, mais vous-même.

Swâmi Prajnânpad

Un père prend ses enfants en photo devant un avion de combat chinois devant le palais du Potala, Lhassa, Tibet.

La rivière n'atteindrait jamais la mer si les berges ne la contraignaient.

Rabindranath Tagore

Poster de Londres sur un marché du Bhoutan.

LONDON
FAIRSTAR

EXCELLENT DECRATE

Dans un monde en métamorphose et en transformation, la perfection n'existe pas. Tout est en devenir, aucun de nos semblables n'est parfait. Si on reconnaît cela, on n'exigera pas trop des autres.

Udana

La version électrique des lampes à beurre, sur un marché de Lhassa, Tibet.

Les grandes transformations sont réalisées petit à petit. Ajoute chaque jour une pierre, n'abandonne jamais la construction et le bâtiment grandira. Lutte contre le doute et l'indolence. Garde toujours ton âme éveillée. Observe, comprends et aime !

Drukpa Rinpoché

Sculpture sur bois d'une Tara Verte dans une école du Bhoutan.

Il n'existe rien qui soit permanent :
le soleil et la lune se lèvent puis se couchent,
au jour clair et transparent succède
la nuit sombre et opaque.
Tout change, d'heure en heure.

Kalou Rinpoché

La maison de Tundup Dorje au coucher du soleil, Lingshed, Ladakh.

Dans le passé, toute la vie reposait sur les arbres. Leurs fleurs nous ornaient, leurs fruits nous nourrissaient, leurs feuilles et leurs fibres nous habillaient et nous procuraient un abri. Nous prenions refuge dans leurs branches pour nous protéger des animaux sauvages. Leur bois nous chauffait, nous en faisions des cannes pour nous soutenir dans nos vieux jours et des armes pour nous défendre. Nous étions très liés avec les arbres. Aujourd'hui, entourés de machines sophistiquées et d'ordinateurs performants dans nos bureaux ultramodernes, il est facile d'oublier notre lien avec la nature.

14e Dalaï-Lama

Vue sur les champs d'orge de Stonde, Zanskar, Nord de l'Inde.

WEL COME
BHRIKUTI TOURIST CAMPING LODGE
&
RESTAURAN-CHHUSANG
CLEAN-WATER
JUST-2.00 HOURS

Le temps ne s'arrête jamais et continue de couler. Non seulement il s'écoule sans se préoccuper des obstacles, mais de la même manière notre vie continue également à aller sans cesse de l'avant. Si quelque chose va mal, nous ne pouvons pas remonter le temps et essayer à nouveau. En un sens, il n'y a pas de véritable deuxième chance.

14e Dalaï-Lama

Pierre de mani recouverte d'une publicité pour de l'eau minérale dans le Mustang, Népal.

Tout est en cours de transformation. Toi-même tu es en état de transformation continue et, à certains égards, de dissolution ; il en va de même pour l'univers entier.

Marc Aurèle

Thé au beurre et Coca-Cola dans un champ du Ladakh, Nord de l'Inde.

always
Trademark Regd.
delicious
always
Trademark Regd.
delicious

SAVE
TIBET

Je suis intimement convaincu que le pouvoir obtenu par les armes est limité dans le temps. Le pouvoir de la vérité, lui, grandit au fil du temps.

14e Dalaï-Lama

Une religieuse tibétaine en exil dans une colonie tibétaine à Delhi, Inde.

Il y a un temps pour tout.
Si ce n'est pas le bon moment
et que l'on essaie tout de même d'imposer sa volonté,
on sera confronté à de grosses difficultés.
Il s'agit donc de distinguer le bon du mauvais moment.

Extrait du Sûtra des Cent Paraboles

Un père et son fils dans un petit caravansérail du haut plateau ouest tibétain, Tibet.

紅太陽
紅日東升山河壯
東風浩蕩氣象新

Ce n'est pas d'une religion unique dont nous avons besoin, mais de respect et de tolérance mutuelle entre les croyants des différentes religions. On n'aspire pas à une harmonisation monotone mais à l'unité dans la différence. Chaque tentative d'étouffer des traditions qui nous viennent d'un héritage commun et qui dépendent du climat et de l'environnement, n'est pas seulement vouée à l'échec, mais relève du sacrilège.

Mahatma Gandhi

Festival hindou à Bhaktapur, Népal.

Une consommation excessive des choses ou un effort exagéré pour gagner beaucoup d'argent ne sont pas bons. Mais la seule satisfaction est tout aussi peu acceptable. A la base, le contentement doit être un but mais le manque d'exigence empêche le développement, comme si l'on était déjà mort.

14e Dalaï-Lama

Posters indiens dans une petite boutique sur le chemin de l'Annapurna, Ouest du Népal.

rful things that will
not do them.
God

GOLDEN

N'oublie pas : ton esprit est un labyrinthe. Suis-le, pensée après pensée, idée après idée, rêve après rêve. Rien ne reste inchangé. Aujourd'hui tu es ici, demain tu seras là. Aujourd'hui tu cherches quelque chose, demain tu le trouveras et après-demain, tu l'auras à nouveau perdu. La chance et le malheur, le réel et l'irréel ne sont rien d'autre que le temps qui passe. Mais qu'est-ce que le temps ?

Wolfgang Wenger

Le sâdhu Ram Das avec son accordéon traditionnel, Pashupatinath, Népal. (Eté 2005)

Notre vie est semée de pertes et d'échecs. Apprenons à nous détacher à temps des choses auxquelles nous tenons. Alors nous comprendrons la transformation à laquelle nous sommes exposés. Utilisons ce temps pour faire le bien en chaque occasion. Agissons sans précipitation et avec quiétude.

Digha Nikaya

Le sâdhu Ram Das (six mois plus tard, printemps 2006) a remplacé son vieil accordéon par un synthétiseur chinois, Katmandou, Népal.

Tout est changement et transformation.

Notre vie est une succession continuelle d'états et de sentiments différents.

Un état succède toujours à un autre.

Rien n'est immobile ni permanent.

Nous ne devons pas nous attacher à un état de notre conscience,

ni à une image de notre Moi.

Milindapanha

En honneur à son dieu Shiva, le sâdhu Krishna Das s'est recouvert de cendre blanche, Pashupatinath, Népal.

Plus nous nous libérons intérieurement de notre désir de posséder, plus nous serons récompensés largement.

Matthias Stöbener

Le sâdhu Hanuman Baba en pèlerinage avec ses élèves, Subo Das et Pulto Das, dans les gorges de Kali Gandaki, Ouest du Népal.

ཡང་དག་པ འི་ཏིང་ངེ་འཛིན།

Attention

La fleur de lotus prend ses racines dans la vase et pousse à travers l'eau pour que sa fleur immaculée s'élève et s'ouvre à la lumière du soleil. La fleur de lotus incarne le chemin spirituel de l'homme, de l'aveuglement du matérialisme le plus sombre à travers l'océan troublé du cycle des existences (samsâra), jusqu'à l'éclat pur de l'Eveil. Elle est le symbole de la purification parfaite du corps, de la parole et de l'esprit. Le bouton de lotus représente le potentiel de libération qui réside en chaque être. La fleur ouverte, quant à elle, évoque la réalisation complète de l'Eveil.

L’un des grands bénéfices de l’attention, est, si nous l’exerçons, de pouvoir facilement distinguer le moment où nos actions s’écartent de nos desseins.
Alors, nous pouvons rapidement et tranquillement revenir sur la bonne voie.

Matthias Stöbener

La plus grande thangka du monde (toile roulée) est hissée au 15e jour de la fête du Lossar (nouvel an tibétain) près du monastère de Sera, Sud de l’Inde.

Vivre en pleine conscience, c'est être vraiment présent, vivant pleinement, ici et maintenant. C'est la capacité de vivre profondément chaque instant de notre vie.

Thich Nhat Hanh

Nylam, le maître de cérémonie, s'assure du bon déroulement des danses des masques, monastère de Spituk, Ladakh.

Retrouve l'innocence de l'instant, la clarté simple des choses. Apprends à vivre l'éternité.

Drukpa Rinpoché

Un moine bouddhiste du Sri Lanka visite le stûpa de Bodnath, Katmandou, Népal.

Développe ta capacité à te réjouir.
Alors, tu t'attelleras à la tâche avec joie et plaisir.
Tu peux suivre l'exemple des enfants qui jouent.
Mais lorsque tu es fatigué, épuisé,
il est important que tu te détendes.

14e Dalaï-Lama

Clin d'œil au photographe lors d'un enseignement de huit heures dans le monastère de Koban, Katmandou, Népal.

L'attention vient d'une conscience aiguisée de nos actes corporels et verbaux, qui se retrouve aussi dans le monde du rêve. Si nous sommes attentifs à notre façon de manger, d'aller et venir, de nous tenir debout et ou assis, notre capacité d'attention s'enracine profondément.

14e Dalaï-Lama

Un léger balancement du récipient en peau de chèvre permet de transformer le lait en beurre, Changtang, Nord du Tibet.

Dès lors que vous faites retour à l'ici et maintenant, vous pouvez vous relier aux innombrables merveilles que renferme la vie. Mais beaucoup d'entre nous s'imaginent que le bonheur est impossible dans l'instant présent qui est le leur. Beaucoup d'entre nous pensent que le bonheur dépend de conditions extérieures qui leur sont refusées. C'est pourquoi ils se laissent littéralement aspirer par le futur, ils sont incapables de demeurer dans l'ici et maintenant. C'est la raison pour laquelle ils sautent par-dessus tant de merveilles de la vie.

Thich Nhat Hanh

Shiva, mon guide et ami, sur une colline près de Dingpoche, massif du Khumbu, Népal.

Sois attentif dans ta vie, tu atteindras ce qui rafraîchit, guérit et réjouit.
Les sources du positif restent hors de portée pour qui n'est pas attentif.

Matthias Stöbener

Tupchen, moine au monastère de Gyangdrag sur le Kailash, observe une statue de Bouddha, Ouest du Tibet.

Prends le temps d'être heureux.
Le temps n'est pas une autoroute
entre le berceau et la tombe,
mais un espace pour grandir au soleil.

Phil Bosmans

Sculpture d'un masque sur glaise dans une école d'art bhoutanaise.

Être présent c'est renoncer à la priorité de la pensée, retourner à ses sens, au sens premier du terme ; ne plus abstraire, mais vivre.

Anthony de Mello

Ecole de peinture thangka tibétaine dans le temple de Norbulingka, à Dharamsala, Nord de l'Inde.

Votre vie quotidienne est votre temple et votre religion.

Khalil Gibran

Pema et Sandup, moines à Dharamsala, Nord de l'Inde.

MAY
PEACE
PREVAIL
ON
EARTH

Le Bouddha a dit : "Le passé n'est plus, et le futur n'est pas encore là." Il y a seulement un moment où nous sommes vraiment vivants, c'est le moment présent. Etre dans l'ici et le maintenant nous rend vraiment présents à la vie.

Thich Nhat Hanh

Pèlerine tibétaine dans le chorten de Kumbum à Gyantse, Tibet.

Le seul bonheur que tu trouveras au sommet des montagnes
est celui que tu y apporteras.

Sagesse zen japonaise

Vue sur les montagnes du massif Dhaulagiri culminant à plus de 8000 mètres, Ouest du Népal

Ce que je suis est infiniment plus important que ce que j'ai.

Phil Bosmans

Ani Chemi Zong, religieuse bön du monastère Narchu au nord du Tibet, le 17e jour de sa kora autour du Kailash.

Aujourd'hui est le premier jour du reste de ma vie, que vais-je en faire ?

Ayya Khema

Tashi regarde son champ d'orge, Lingshed, Ladakh.

Encore et toujours, l'exercice le plus important est de prendre son temps ! Prendre le temps d'écouter, de serrer des mains, de respirer le parfum d'une rose, de s'émerveiller de la nuit qui tombe...

Matthias Stöbener

Jeune fille du Teraï, Népal.

Avant l'illumination
couper du bois, porter de l'eau.
Après l'illumination,
couper du bois, porter de l'eau.

Adage zen

Un paysan dans son champ non loin de Katmandou, Népal.

On ne peut pas explorer l'univers comme on peut s'explorer soi-même. Découvre-toi toi-même et tu découvriras l'univers.

Mahatma Gandhi

Trois sâdhus, un matin à Pashupatinath, Katmandou, Népal.

Etant en paix, étant heureux, nous sourions et chaque membre de notre famille,
la société tout entière, en retirera les bienfaits.
La joie engendre le sourire. Et le sourire engendre la détente, le calme et la joie.
Pour sourire, je n'attends pas de ressentir de la joie ;
le sentiment de joie peut très bien naître plus tard.
Un sourire authentique naît dans un esprit éveillé.

Thich Nhat Hanh

Des porteurs népalais dans la vallée de Rolwaling, Est du Népal.

Peu importent les difficultés rencontrées hier, l'important est de pouvoir recommencer à nouveau aujourd'hui. Notre corps est un cadeau précieux, nous devons en prendre grand soin. Car il est le lieu de notre Eveil et de notre Illumination. Tiens-toi droit, respire profondément de façon détendue et ton énergie vitale pourra circuler.

Extrait des Jataka

Avec dextérité, la petite Susma coupe les courgettes en morceaux, Ghasa, Ouest du Népal.

J'apprends à connaître des gens, pas des religions, des couleurs de peau, des races.

Konrad Thurano

Enfants et adultes tirent un temple monté sur un char à travers les rues de Bhaktapur, Népal.

TITANIC

Le bonheur n'est pas un lieu, c'est une direction !

Sogyal Rinpoché

Deux silhouettes devant Janakpur, Sud du Népal.

ཡང་དག་པའི་ལས་ཀྱི་མཐའ།

Méditation

L'ombrelle offre une ombre protectrice à celui qui la possède. Elle le garde de la maladie, de la souffrance, du malheur et d'autres obstacles comme le feu des passions. Son manche symbolise l'axe du monde, sa partie supérieure la sagesse et le tissu qui descend sur les côtés la compassion. Autrefois symbole de la royauté réservé à la noblesse et aux notables, incarnant l'honneur et le respect, l'ombrelle de l'enseignement s'ouvre au-dessus de celui qui aspire à la libération par la méditation et le protège de tout mal.

L'esprit est difficile à maîtriser et instable. Il court où il veut.
Il est bon de le dominer. L'esprit dompté assure le bonheur.
Que le sage reste maître de son esprit car il est subtil et difficile à saisir
et il court où il veut. Un esprit contrôlé assure le bonheur.

Extrait du Dhammapada

Lever de soleil sur le Potala, Lhassa, Tibet.

J'inspire, je sais que la colère existe. J'expire, je sais que la colère est en moi. J'inspire, je sais que ma colère est désagréable. J'expire, je sais que ce sentiment va disparaître. J'inspire, je suis calme.
J'expire, je me sens assez fort pour prendre soin de cette colère.

Thich Nhat Hanh

Ambiance matinale sur les marches du stûpa de Swayambunath, vallée de Katmandou, Népal.

Toute la souffrance vient de l'incapacité de l'homme
à se tenir assis tranquillement et à rester seul.

Anthony de Mello

Nomade tibétain en route pour le Kailash, Ouest du Tibet.

Méditer, c'est voir se lever le soleil de l'esprit après une nuit d'affliction, de tourmente et de tempête de l'âme. Si tu veux voir le monde sous un nouveau jour, apprends à méditer.

Sagesse indienne

Un vieux paysan prosterné devant une statue d'Avalokitesvara, monastère de Braga, région des Annapurna, Ouest du Népal.

Méditer ce n'est pas s'attacher, s'identifier ou posséder.
Tout cela n'apporte que la souffrance.
Méditer c'est contempler, observer, prendre conscience, comprendre.
La méditation conduit à la remise en question du sens de l'amour.

Anthony de Mello

Une tibétaine avec son fils d'un an pendant la kora autour du temple Jokhang à Lhassa, Tibet.

新世纪大厦

La source de tous les phénomènes du samsâra et du nirvâna, c'est la nature de l'esprit, vide et lumineuse, omniprésente et vaste comme le ciel.

Dilgo Khyentsé Rinpoché

Pierre de mani et drapeaux de prières sur le mont Kailash, Ouest du Tibet.

Voyez comme dans la nature les arbres, les fleurs, l'herbe poussent dans un parfait silence. Voyez comme les étoiles, la lune et le soleil se meuvent en silence.
Le silence nous donne un regard nouveau sur toutes choses.

Mère Teresa

Pierres de mani dans un paysage hivernal en pays Sherpa, massif du Khumbu, Népal.

Ne crains pas la solitude lorsqu'elle vient croiser ton chemin. Elle te donne l'occasion de te retrouver toi-même et de te fortifier.

Drukpa Rinpoché

Drapeaux de prières et chorten sur la route du monastère de Tengpoche, massif du Khumbu, Népal.

Marcher en méditant peut être très agréable. La médiation permet de vraiment apprécier la marche - nous ne marchons pas pour arriver quelque part, mais pour la marche elle-même. Le but est d'être dans l'instant présent, conscients de notre respiration et du fait de marcher, pour pouvoir goûter chacun de nos pas.

Thich Nhat Hanh

Un pèlerin hindouiste de retour de Muktinath, vallée de la Kali Gandaki, Ouest du Népal.

« Méditer » ne signifie pas seulement réfléchir, penser, analyser, regarder, soupeser. Il a un sens bien plus profond en sanskrit : il veut dire mesurer, dans le sens de « devenir ».

Krishnamurti

Le sâdhu Rade Baba assis sur un rocher du lac de Gosaikunda, Nord du Népal.

Retourner à son origine, c'est retrouver le repos.

Le repos, c'est le retour dans sa demeure véritable.

C'est renouer avec son destin.

Ce retour est la loi éternelle.

Connaître la loi éternelle, c'est être éclairé.

L'ignorer, c'est la confusion et, par là, c'est le malheur.

Celui qui connaît la loi possède le savoir.

Lao Tseu

Le brahmane Shiva se repose devant un mur de mousse dans la forêt de Pashupatinath, Népal.

L'immensité lumineuse de l'espace absolu,
vierge de centre et de limites,
est primordialement présente,
ample, claire et radieuse.
Eveil né de lui-même,
vaste comme le ciel,
sans dehors ni dedans,
sans direction ni mesure.
Transparence toute embrassante :
tel est l'espace absolu,
inséparable de l'Eveil.

Shabkar

Sur la route de Lo Mantang, Mustang, Népal

Dans la civilisation occidentale, on a bien appris comment agir mais oublié comment exister. C'est pourquoi très peu d'Occidentaux savent que faire du silence et de la solitude.

Matthias Stöbener

Vue du chorten du Kumbum à Gyantse, Tibet.

Ainsi la méditation peut avoir lieu alors que vous êtes assis dans un autobus, ou pendant que vous marchez dans un bois plein de lumière et d'ombre, ou lorsque vous écoutez le chant des oiseaux, ou lorsque vous regardez le visage de votre femme ou de votre enfant.

Krishnamurti

Tash Wangdus sépare le grain de la balle avec sa femme Tashi, Lingshed, Nord de l'Inde.

Quand tu es dans cet état vaste comme le ciel, détends-toi dans cette dimension ouverte ; tiens-toi dans cette ouverture même, fonds-toi dans cet état semblable au ciel.

Dilgo Khyentsé Rinpoché

Paysanne dans un champ à Ghasa, Ouest du Népal.

Si tu laisses l'eau trouble reposer,
elle redevient limpide.
Si tu laisses ton esprit troublé se calmer,
il redeviendra clair lui aussi.

Bouddha Sakyamuni

Le vieux sâdhu Hanuman Baba sèche ses cheveux sur une pierre chaude, Ouest du Népal.

Pour être heureux tu n'as rien à faire, rien à chercher, mais seulement à te défaire des idées fausses et des illusions qui t'empêchent de voir. Si tu parviens à t'éveiller et à rester vigilant, tu peux découvrir les richesses et les chances qui te sont offertes chaque jour, les reconnaître et les appeler par leur nom.

Anthony de Mello

Des ammonites dans le lit d'une rivière, Himalaya, Népal.

Ceux qui sont sages, méditatifs, persévérant sans relâche, atteignent le nirvâna qui est félicité suprême.

Extrait du Dhammapada

Pèlerins tibétains prosternés dans l'entrée principale du Jokhang à Lhassa, Tibet.

Une fois que l'on reconnaît que les pensées sont vides, l'esprit n'a plus le pouvoir de nous tromper. Mais aussi longtemps que nous leur prêterons une réalité propre, elles continueront de nous assaillir sans fin de la même manière qu'elles continuent de nous tourmenter depuis plusieurs vies. Pour en venir à maîtriser notre esprit, nous devons être conscients de ce qu'il convient de faire et d'éviter.

Dilgo Khyentsé Rinpoché

Dawa devant le monastère Tashilhunpo à Shigatse, Tibet.

Quand se tiennent au repos les cinq modes de connaissance avec la pensée, et que la raison ne bouge plus, c'est ce qu'on nomme la voie suprême.

Upanishads

Le sâdhu Muni Baba lors de sa méditation matinale, Teraï, Sud du Népal.

Apprendre à méditer est le plus grand don que vous puissiez vous accorder dans cette vie. En effet, seule la méditation vous permettra de partir à la découverte de votre vraie nature et de trouver ainsi la stabilité et l'assurance nécessaires pour vivre bien. La méditation est la route qui mène vers l'éveil.

Sogyal Rinpoché

Jeune moine du monastère de Rumtek, Sikkim.

Puissent tous les êtres jouir du bonheur et des causes du bonheur ;
Puissent-ils être libres de la souffrance et des causes de la souffrance ;
Puissent-ils ne jamais être séparés de la grande félicité dénuée de souffrance ;
Puissent-ils demeurer dans la grande équanimité, qui est libre d'attachement et d'aversion.
Quatre Vœux

Glossaire

Amitabha
L'un des cinq bouddhas de méditation, déité centrale du bouddhisme Mahâyâna. Son nom sanskrit signifie « lumière infinie ».

Bardo
Etat intermédiaire entre la mort et la renaissance, dans lequel, selon la croyance tibétaine, l'esprit reste pendant 49 jours.

Bodhisattva
Dans le Mahâyâna, être qui s'est engagé à atteindre l'état de Bouddha, l'Eveil, pour se consacrer au salut des autres.

Bön
Croyance populaire antérieure au bouddhisme au Tibet. Religion caractérisée par des éléments animistes et magiques.

Chorten
Monument servant à abriter des reliques des bouddhas et des grands maîtres.

Dhammapada
Recueil ancien de textes bouddhistes reprenant l'essence des enseignements du Bouddha.

Dharma
L'enseignement du Bouddha.

Jaïnisme
Religion hindoue devenue populaire à travers Vardhamâna vers 500 av. J.-C. ayant pour principe fondamental la non-violence.

Karma
« Action » en sanskrit, théorie de la cause et de l'effet selon laquelle l'existence d'un homme est déterminée par ses actions passées, ses vies antérieures.

Kora
Pèlerinage bouddhiste consistant à faire le tour d'un lieu sacré.

Lama
Maître spirituel tibétain.

Mandala
Représentation géométrique et symbolique de l'univers, support de méditation.

Mantra
Formule sacrée bouddhiste répétée de nombreuses fois et destinée à protéger l'individu des pensées négatives.

Nirvâna
« Au-delà de la souffrance », état de béatitude consécutif à la libération du cycle des existences.

Om mani padme hum
« Le joyau dans le lotus » est l'un des mantras les plus répandus au monde. Il symbolise l'unité de la sagesse et de la méthode.

Padmasambhava
« Né du Lotus » en sanskrit, célèbre pour avoir triomphé des démons et des esprits maléfiques, il ouvre la voie au bouddhisme dans tout l'Himalaya.

Rinpoché
« Précieux », titre honorifique attribué à une personne reconnue comme la réincarnation d'un maître spirituel renommé.

Sâdhu
« Homme de bien », désigne un moine ou saint hindouiste vivant dans l'ascétisme.

Samsâra
Cycle des existences résultant du karma, synonyme de souffrance pour tous les êtres vivants.

Tantra
Textes du Vajrayâna et du tantrisme.

Târâ
Divinité féminine de méditation, symbole de grande compassion. Objet d'une grande dévotion de la part des tibétains.

Vajrayâna
Ou « bouddhisme tantrique » avant tout pratiqué au Tibet.

Portraits

Anthony de Mello
Né à Bombay (1931-1987), il entre chez les Jésuites où il étudie la philosophie, la théologie et la psychologie. Il associe la spiritualité de l'Orient avec les traditions de sagesse occidentales.

Ayya Khema
(1923-1997)
D'une famille juive, elle quitte l'Allemagne à 15 ans. A 56 ans, elle est ordonnée religieuse bouddhiste de tradition Theravâda.

Bouddha
« L'Eveillé », être illuminé libéré du cycle des existences et de la souffrance. Né vers 560 av. J.-C. à Lumbini près de la frontière népalaise, Siddhârta Gautama atteint la bouddhéité à Bodhgayâ en Inde, assis sous un figuier. Le Bouddha Sakyamuni est considéré comme le fondateur du bouddhisme. Le bouddha, le dharma (l'enseignement du bouddha) et le sangha (la communauté des pratiquants) constituent les trois objets du refuge (les Trois Joyaux) des bouddhistes.

Dalaï-Lama
« Océan de sagesse », titre honorifique donné par les Mongols en 1578 au chef spirituel du Tibet, dont la lignée de réincarnation est encore connue aujourd'hui.

Dilgo Khyentsé Rinpoché
(1910–1991)
Maître bouddhiste du courant Nyingmapa.

Drukpa Rinpoché
(1989†)
Grand maître tibétain très proche du Dalaï-Lama. Il fuit le Tibet en 1959. Il enseigne ensuite à Dharamsala puis au Népal.

Jean-François Revel
(1924-2006)
Philosophe agnostique, père de Matthieu Ricard.

Jiddu Krishnamurti
(1895-1986)
Ecrivain, philosophe et sage indien.

Kalou Rinpoché
(1905-1989)
Grand maître de méditation de la tradition bouddhiste tibétaine. Il part pour l'Inde avant l'occupation du Tibet par la Chine, enseigne en Asie, en Europe et en Amérique du Nord.

Khalil Gibran
(1883-1931)
Poète, philosophe et artiste, né au Liban, il émigre aux Etats-Unis dans sa jeunesse. Il consacre son œuvre à la réconciliation du monde occidental et arabe.

Mahatma Gandhi
(1869-1948)
Avocat indien, défenseur des Droits de l'Homme, militant pour l'indépendance de l'Inde.

Marc Aurèle
(Marcus Aurelius Antoninus, 121-180)
Empereur romain à partir de 161. Philosophe, il s'intéresse au stoïcisme.

Matthieu Ricard
Né en 1946. Biologiste français, il vit en Inde depuis 1972. Elève de Dilgo Khyentsé Rinpoché, moine bouddhiste, photographe et traducteur du 14e Dalaï-Lama.

Matthias Stöbener
Ecrivain catholique d'Augsbourg, s'intéresse à la tradition bouddhiste.

Milarepa
Yogi tibétain (1040-1123). Il fut élève de Marpa, lama à qui remonte la lignée Kagyupa, qui le mit à rude épreuve avant de lui transmettre son enseignement.

Mère Teresa
(1910-1997)
Religieuse catholique d'origine albanaise. Elle adopte la nationalité indienne en 1947 et fonde l'Ordre des Missionnaires de la Charité en 1950. Elle obtient le prix Nobel de la paix en 1979.

Phil Bosmans
Prêtre catholique à l'origine du « Mouvement sans Nom » (mouvement pour plus d'humanité dans le monde moderne), fondé en Belgique en 1959.

Rabindranath Tagore
(1861-1941)
Ecrivain, peintre, musicien. Né au Bengale, il étudie en Angleterre à partir de l'âge de 17 ans. Il deviendra ami du Mahatma Gandhi.

Samyutta Nikaya
Recueil de textes, troisième partie du Sutta Pitaka, canons du bouddhisme Theravâda. Il regroupe sermons, enseignements et discours du Bouddha et de certains de ses élèves, vraisemblablement rassemblés au IIIe siècle av. J.-C.

Shantideva
Moine, philosophe et poète indien du VIIIe siècle, il est l'auteur de textes essentiels dans la tradition des bodhisattvas et la philosophie de la voie du milieu.

Sogyal Rinpoché
Maître de l'école Nyingma enseignant en Occident et auteur célèbre.

Sutta Nipata
Recueil d'enseignements du bouddhisme ancien.

Swâmi Prajnânpad
(1891-1974)
Professeur de physique, de littérature anglaise et de philosophie indienne à Bénarès, il est engagé aux côtés de Gandhi. Il trouvera le lien entre les Upanishads et la vie quotidienne dans la psychanalyse de Freud.

Thich Nhat Hanh
Maître de méditation vietnamien né en 1926. Il s'exile en France et deviendra un important représentant du bouddhisme en Occident.

Upanishads
Ecrits entre 800 et 400 av. J.-C., ils constituent la partie finale des Vedas, textes philosophiques indiens des plus anciens.

Saint Vincent de Paul
(1581-1660)
Prêtre catholique, fondateur de la Compagnie des Filles de la Charité, canonisé par le Pape Clément XII en 1737, il s'engage pour les malades et les pauvres.

Wolfgang Wenger,
Ecrivain autrichien né en 1962, il étudie la philologie allemande et la pédagogie de la religion.

Longdo Chamzen, pèlerin bön de 23 ans venu de l'Amdo, effleure une pierre de mani sur sa route vers le monastère de Dirapuk.

Bibliographie et ouvrages conseillés

365 méditations quotidiennes du Dalaï-Lama – Dalaï-Lama, Presses de la Renaissance, 2003

Dans le silence du cœur – Mère Teresa, Cerf, 2003

Entretiens – Confucius, Mille et Une Nuits, 2002

Etincelles d'éveil – Sogyal Rinpoché, Table Ronde, 1995

Et si vous m'expliquiez le bouddhisme ? – Ringou Tulkou Rimpotché, Nil Editions, 2001

L'Art du bonheur – Dalaï-Lama, J'ai Lu, 2000

Le Bouddha Dhammapada – Jean-Pierre Osier Flammarion, 1997

Le Bouddha historique, l'époque, la vie et l'enseignement de Gautama – H.-W. Schumann, Sully, 1999

Le Cœur des enseignements du Bouddha – Thich Nhat Hanh, Table Ronde, 2000

Le Jardinier d'amour – Rabindranath Tagore, Gallimard, 2007

Le livre tibétain de la vie et de la mort – Sogyal Rinpoché, Lgf, 2005

Le moine et le philosophe – Matthieu Ricard et Jean-François Revel, Pocket, 1999

Le monde du bouddhisme – H. Bechert et R. Gombrich, Thames & Hudson, 2004

Le Petit livre de sagesse du Dalaï-Lama – Bernard Baudouin, Marabout, 2007

Le Petit manuel du Bouddha – Jack Kornfield, Table Ronde, 1999

Le Prophète – Khalil Gibran, Librio, 2004

L'Esprit du Tibet – Matthieu Ricard, Points, 2001

Maître Eckhart, Sagesses éternelles – Benoît Beyer de Ryke, Médicis Entrelacs, 2004

Milarepa, œuvres complètes – Fayard, 2006

Paroles de paix des prix Nobel – Bernard Baudouin, Presses du Châtelet, 2002

Paroles de sagesse éternelle – Marc de Smedt et Michel Piquemal, Albin Michel, 1999

Préceptes de vie du Dalaï-Lama – Bernard Baudouin, Points, 2003

Tao-tö King – Lao Tseu, Gallimard, 2002

Pensées pour moi-même – Marc Aurèle, Arlea 2007

Préceptes de vie du Mahatma Gandhi – Henri Stern, Points, 2007

Milarepa, célèbre yogi Kagyu, a médité des années durant sur le Kailash.

Dieter Glogowski à son arrivée au monastère de Lingshed.

Remerciements

Je remercie le 14e Dalaï-Lama pour son soutien et la confiance qu'il m'a accordée dans mon travail. Je tiens également à remercier : Franz Binder pour ses conseils de connaisseur de l'Himalaya et sa préface ; Ma femme Annette Jungmichel pour son aide dans le choix des citations ; Le lama Yeshe Osel pour les calligraphies tibétaines ; Sabrina Schäfer pour son soutien dans le domaine photographique.
Je remercie tous ceux qui, depuis 25 ans dans l'Himalaya, soutiennent pleinement mon travail, comme le lama Geshe Ngawang Chanchup, Karma Namgyal, Shiva Shrestha, les lamas Tashi et Dolma, Tenzing Thinley, Rade Baba, le brahmane Shiva.
Je remercie mes sponsors qui me suivent dans mes productions depuis de nombreuses années : Manfred Hell, Miriam Arndt, Markus Pieker (Jack Wolfskin), Christine Alig (Austrian Airlines), Michael Schott /Manfred Häupl (Hauser Exkursionen), Steffen Keil (Leica), Maike Reinhardt (Kodak), Christoph Schleidt (Ortlieb).
Je dédie ce livre à ma mère, Gisela, qui a su me montrer le chemin avec beaucoup de tendresse tout en me laissant une grande liberté d'esprit.

Ours

Edition originale

Photographie et choix des citations : Dieter Glogowski
Préface : Franz Binder
Création graphique : Werner Poll, Munich
Calligraphie : Lama Yeshe Osel, Katmandou
Chargé de projet : Dr. Reinhard Pietsch
Production : Bettina Schippel
Reprographie : Repro Ludwig, Zell am See

Edition française

Direction éditoriale : Françoise Kerlo
Responsable d'édition : Marilyn Chauvel
Responsable de production : Alexandre Zimmowitch
Réalisation éditoriale
Traduit et adapté de l'allemand par : Hélène Fitting et Tatiana Paetrow, Paris

ISBN 978-2-84582-237-5
Dépot légal: septembre 2007
Imprimé en Slovénie par MKT, Ljubljana